AF359872

F. de Saint-Amand.

NOTICE

HISTORIQUE ET DESCRIPTIVE

SUR LA CATHÉDRALE

DE

MEAUX.

MEAUX.

A. DUBOIS, IMPRIMEUR DE L'ÉVÊCHÉ

—

1839.

Depuis quelques années le Gouvernement s'occupe de la restauration de nos édifices gothiques avec un zèle auquel applaudissent également les amis de la Religion et les amis des Arts. Des études importantes ont été ordonnées par le Ministère sur la Cathédrale de Meaux, et les architectes chargés de ce soin poursuivent avec activité leurs travaux. Dans cette circonstance, nous avons pensé qu'il ne serait pas inutile de publier une notice sur ce beau monument, qui n'a jamais été décrit que très imparfaitement, et qui est généralement trop peu connu. Puisse ce faible essai attirer l'attention des artistes sur notre Cathédrale, et déterminer le Gouvernement à faire, en sa faveur, tous les sacrifices qu'elle mérite ! Puisse aussi ce petit travail donner aux Ecclésiastiques de notre Diocèse le goût des études archéologiques, leur inspirer un sentiment profond de respect et de conservation pour nos vieilles Eglises, et les prémunir contre ce mauvais goût qui préside trop souvent aux restaurations exécutées par les Conseils de Fabrique !

† Auguste **ALLOU**, *Evêque de Meaux.*

NOTICE

HISTORIQUE ET DESCRIPTIVE

SUR LA CATHÉDRALE

DE

MEAUX.

ARTICLE I.

ORIGINE DE LA CATHÉDRALE, ET DIVERSES ÉPOQUES DE SA CONSTRUCTION.

L'histoire de nos Cathédrales se lie d'ordinaire à celle de la Cité dont elles font l'ornement. Les Romains dominaient encore dans les Gaules lorsque le Christianisme y fut prêché, et la division civile du territoire fut adoptée comme circonscription ecclésiastique. Dès le IVe siècle, le chef-lieu de chaque Province romaine, *Civitas Metropolis,* devint le siége d'un Evêque métropolitain, appelé depuis Archevêque; et chaque ville de la Province ayant le rang de Cité, devint le siége d'un Evêque suffragant du Métropolitain. Meaux, *Civitas Meldensium,* faisait alors partie de la quatrième Lyonnaise, dont la capitale était Sens, *Metropolis Civitas Senonum;* aussi, l'Evêché de Meaux fut-il suffragant de Sens jusqu'en 1622, époque à laquelle Paris fut érigé en Archevêché.

Selon la tradition de l'Eglise de Meaux, saint Denis, Apôtre de Paris, prêcha aussi la foi aux Meldois, dans le IIIe siècle. Saint Saintin, son disciple, fut leur premier Evêque; et après avoir été aussi Evêque de Verdun, il revint mourir à Meaux, vers l'an 353. (Brev. de Meaux, 11 octobre.)

On ne sait absolument rien de la première Cathédrale qui dut être construite à Meaux dès le temps de ses premiers Evêques. La ville ayant été pillée et presque détruite à plusieurs reprises par les Normands, dans le cours du IXᵉ siècle (865, 887, 891), son Eglise fut indubitablement ruinée, comme tant d'autres qui eurent le même sort à cette malheureuse époque. Des fouilles récentes ont laissé apercevoir, à plusieurs mètres au-dessous du sol, des traces de ces incendies.

On a dit que l'ancienne Cathédrale était placée au faubourg de Chaâge; mais cette opinion n'est prouvée par aucune pièce authentique.

Nous ne savons rien non plus du vocable sous lequel la première Cathédrale fut dédiée. La Cathédrale actuelle porte le titre de Saint Etienne; mais elle reconnaît aussi la sainte Vierge pour patronne, et des actes authentiques des XIᵉ et XIIᵉ siècles prouvent que dès lors la Cathédrale de Meaux était dédiée à la sainte Vierge et à saint Etienne. On peut consulter, dans le 2ᵉ tome de l'histoire de l'Eglise de Meaux, par Toussaint Duplessis, les pièces justificatives nᵒˢ 7, 28, 48, 49, 114, etc.

Quant à l'époque de sa construction, Toussaint Duplessis (tome I, page 108), nous apprend que l'Evêque Gautier, surnommé Saveyr (le sage ou le savant), mourut en 1082, et fut enterré dans sa Cathédrale, qu'il avait fait rebâtir à neuf. Cette assertion est fondée sur une épitaphe de Gautier, faite par le sous-diacre Fulcoïus, auteur du XIᵉ siècle; mais cette pièce me semble suspecte d'exagération, à en juger par les autres vers du même Fulcoïus, cités par Toussaint Duplessis, tome II, page 452.

Une charte de Thibaut III, Comte de Champagne, assigne 20 livres de rente aux Chanoines de l'Eglise Cathédrale de Saint Etienne de Meaux, dans laquelle reposait le corps de sa mère, la Princesse Marie, fille de Louis-le-Jeune, morte en 1198. (tome II, nᵒ 191.) On ne peut douter que cette Princesse, digne épouse du Comte Henri, qui mérita le surnom de *Libéral*, et auquel la ville de Meaux doit l'établissement de sa Commune (1179), n'ait été une des bienfaitrices de l'Eglise de Meaux. On lit dans les mémoires de Lenfant, procureur à Meaux, qui vivait au XVIe siècle, que lors du pillage de la Cathédrale par les Huguenots, ils n'épargnèrent pas le tombeau et la statue de la Comtesse Marie, qui étaient placés entre les deux colonnes du Sanctuaire, du côté de l'Evangile. Un cierge allumé était entretenu perpétuellement devant cette statue, aux frais du Domaine; et après les encensements de l'autel et du chœur, l'officiant finissait par lui donner trois coups d'encens : ce qu'on appelait le coup de la Comtesse. (Extrait d'un petit manuscrit de l'abbé Ledieu, daté de 1707, et conservé dans la bibliothèque de M. Dassy.).

On lit encore dans Toussaint Duplessis (tome I, page 248), que Jean de Poincy résolut de continuer le bâtiment de la Cathédrale, qui avait été entrepris sous Gautier Saveyr, mais qui tombait en ruine pour la plus grande partie. En conséquence, il fut arrêté dans un Chapitre général, tenu en 1268, qu'outre les aumônes dont les fidèles contribueraient pour la perfection de ce grand ouvrage, on prendrait encore une année du revenu de tous les bénéfices qui viendraient à vaquer dans le diocèse, pendant l'espace de dix années. Adam de Vaudoy fit renouveler cette imposition dans un second Chapitre général, tenu en 1282. Il ne sera pas inutile de citer ici quelques passages de l'acte de 1268. On jugera mieux, d'après ce texte, de l'état de l'édifice à cette époque.

« Quoniam tam decora, tam nobilis structura nostræ Mel-
» densis Ecclesiæ, tum propter sui necessitatem, tum propter
» materiæ vitium in suis parietibus et columnis, innumeras de-
» molitiones patitur et fissuras, per quas ipsius Ecclesiæ ruina
» timetur horribilis... Verum, quia ad reparationem, imò quasi
» ad omnimodam refectionem structuræ tam mirificæ de neces-
» sitate expediat expensas et sumptus innumerabiles exhiberi...»
(tome II, n° 395.)

Jeanne de Navarre, dernière héritière de Champagne, qui avait épousé Philippe-le-Bel, et qui mourut en 1304, institua Simon Festu, Evêque de Meaux, son exécuteur testamentaire. Cette princesse est mise au nombre des bienfaitrices de l'Eglise de Meaux; et l'on pense que Simon Festu, mort en 1317, employa ses largesses à la construction des voûtes du rond-point et de la flèche. (Toussaint Duplessis, tome I, pages 253 et 301.)

D'après le nécrologe du Chapitre de Meaux, on célébrait le 7 janvier une messe solennelle pour Philippe-le-bel et Jeanne de Navarre, qui avaient concédé une place près de la porte épiscopale pour agrandir l'Eglise. *Ratione concessionis plateæ juxta portam episcopalem ad perfectionem longitudinis Ecclesiæ Meldensis.*

Quelques années plus tard, Charles-le-Bel abandonna au Chapitre cinq pieds de terrain pour agrandir la Chapelle que l'on construisait, entre celle de la sainte Vierge et celle de saint Jacques. L'acte de concession est daté de Vincennes, au mois de mars 1321. (Tome II, n° 460.)

En 1331, Jean Rose fondait la Chapelle du saint Sacrement, et l'acte suppose l'existence de la porte voisine sur la grande rue.

En 1390, Charles VI ordonna au bailli de Meaux de faire contribuer les habitans à l'achèvement de la Cathédrale.

Jean-du-Drac, qui occupa le siége épiscopal de 1458 à 1473, fit commencer la tour du nord, qui ne fut achevée que vers 1530. Le même Evêque faisait poursuivre les travaux de la nef; et l'on reconnait ses armes ou son symbole dans les dragons grimpans, que l'on voit au troisième pilier du côté droit de la nef.

Jean Lhuillier, dont l'épiscopat embrasse les dernières années du XVᵉ siècle (1483-1500), paraît avoir mis aussi beaucoup de zèle à la construction de la Cathédrale. On voit ses armes au quatrième pilier du même côté de la nef. Son écusson porte trois coquilles, et est surmonté d'une crosse. Dans un synode du 19 septembre 1493, ce Prélat recommande les quêtes pour la Cathédrale, et accorde quarante jours d'indulgence aux fidèles qui contribueraient à cette bonne œuvre. (Tome II, n° 11.)

La ville de Meaux contribuait de son côté aux dépenses de la Cathédrale; elle donna, en 1493, 240 livres; en 1494, 200; en 1495, 240; en 1506 ou 1505, 100; en 1510, 170.

Le Chanoine Jean de Marcilly, mort en 1506, fit faire le portail sous la tour, et fonda la Chapelle de l'Annonciation. Il fit représenter, dans le bas-relief de ce portail, l'histoire de saint Jean-Baptiste, à cause qu'il s'appelait Jean, et aussi parce que c'était la porte du côté du baptistère, qui était placé dans la croisée, vis-à-vis l'autel de saint Jean-Baptiste. (Mss. de Ledieu, 16.)

Un autre Chanoine, Pierre de Fabri, fonda vers 1512 la Chapelle de la Visitation, et fit construire le bas-côté septentrional de la nef.

Il restait à élever la tour du midi; mais les guerres de religion qui survinrent ne permirent pas de pousser plus loin cette grande entreprise, et l'on n'a pu même réparer convenablement jusqu'ici toutes les pertes que la Cathédrale eut à essuyer à cette déplorable époque de notre histoire.

Après avoir ainsi rappelé les documens imparfaits que l'histoire nous a transmis sur la construction de la Cathédrale de Meaux, je n'ai pas besoin de dire combien est erronée l'opinion de ceux qui attribuent à Gautier Saveyr le magnifique chœur que nous admirons aujourd'hui. En examinant les différentes parties de la Cathédrale, sous le rapport archéologique, on y reconnaît, au premier coup d'œil, plusieurs styles bien différens, mais appartenant tous à la période gothique. Les expressions employées dans l'acte de 1268 nous donnent, il est vrai, une haute idée de la Cathédrale qu'il s'agissait de restaurer à cette époque; mais quelle qu'ait été cette première Eglise, on ne saurait, autant que je puis en juger, en retrouver aucune trace dans les constructions qui existent aujourd'hui. Si, sans sortir de notre Département, l'on veut comparer à la Cathédrale nos Eglises de l'époque de transition (XIIe siècle), telles que celles de Saint-Loup de Naud, de Saint-Quiriace de Provins, de Château-Landon, de Champeaux, de Voulton, etc., où le plein cintre est presque toujours employé conjointement avec l'ogive, on remarquera de suite une grande différence entre ces constructions encore pesantes et l'architecture hardie de notre Cathédrale.

Les parties les plus anciennes de cette Eglise, c'est-à-dire les six arcades inférieures du chœur, ainsi que les bases et les chapitaux de quelques colonnes de la nef, doivent remonter au plus tôt à la fin du XIIe siècle, au temps de la Comtesse Marie.

Les parties de la nef voisines du transept offrent, dans les arcades de la galerie et les grandes verrières, les formes simples du gothique primitif du XIII⁰ siècle.

Le sanctuaire, les parties supérieures du chœur et les chapelles ne peuvent pas être antérieurs à la fin du XIII⁰ siècle ou au commencement du XIV⁰.

Ce dernier siècle et le XV⁰ ont dû voir s'élever le transept avec ses deux portails, et une partie de la façade occidentale.

Enfin, une partie de la nef, au moins en ce qui concerne l'ornementation, et les parties supérieures de la tour, appartiennent évidemment au commencement du XVI⁰ siècle.

Voilà, autant que je puis en juger, à quoi on peut s'en tenir sur l'ensemble de la construction de la Cathédrale ; et les détails dans lesquels j'entrerai plus tard, corroboreront, je le pense, cette opinion, que je soumets toutefois sans réserve à l'examen et à la critique des hommes de l'art.

ARTICLE II.

EXTÉRIEUR DE LA CATHÉDRALE.

§ I. — *Idée générale du Monument.*

A ne juger de la Cathédrale de Meaux que par l'extérieur, elle semble, au premier abord, inférieure à beaucoup d'autres Eglises d'une si riche décoration. Cet édifice présente dans son ensemble un style sévère ; et si l'on en excepte les divers portails, on trouve à peine quelques traces de sculptures sur les murailles. A cette grande simplicité, il faut ajouter la mauvaise nature des matériaux employés dans sa construction, qui a causé de grandes dégradations, surtout du côté du midi. C'est avec regret que je me vois obligé d'ajouter ici que presque toutes les sculptures des portails furent mutilées par les Hugue-

nots, lorsqu'ils pillèrent la Cathédrale en 1561. (Toussaint Duplessis, I, page 357.)

La façade principale, quoiqu'inachevée, ne manque pas de
noblesse et d'élégance, et mérite une description détaillée.

La nef beaucoup trop courte, flanquée au nord, de deux
chapelles inégales, et terminée au midi par une fort laide construction, dite *la Tour noire,* ne présente rien de remarquable.

Quant au pourtour du chœur et du sanctuaire, si l'on n'y
trouve pas la richesse d'ornemens que l'on admire à Rheims,
à Orléans et ailleurs, cette partie de l'édifice offre du moins
beaucoup de grandeur et de noblesse. Les contreforts élancés
sont terminées par de petites pyramides, ornées sur les parties
angulaires de feuilles ou de fleurons en retroussis, ayant de
loin la forme de crochets; et deux rangs superposés d'arcs-
boutans, hardimens jetés, viennent s'appuyer sur les murs latéraux du chœur. Ces arcs retombent à leur extrémité sur des
colonnes courtes, dont les bases ornées d'un rang de perle, et
les chapiteaux ornés de feuilles à crochets ou de feuilles natu-
relles, sont, en plusieurs endroits, d'une parfaite conservation.
Les gargouilles saillantes qui partent des contreforts en sont
souvent le seul ornement.

On regrette de ne pas voir l'extérieur de notre Cathédrale
orné de ces élégantes balustrades en pierres découpées, qui
ajoutent tant à la décoration de ces sortes d'édifices. Il paraît
qu'il en a existé une autrefois tout autour des grands combles;
et Toussaint Duplessis assure qu'elle a été supprimée, parce que
la violence des vents l'avait détruite en partie (I, 299). Elle est
remplacée aujourd'hui par de simples rampes de fer, garnies
d'un petit treillis, qui suffisent pour faire commodément le tour
de l'Eglise, mais qui ne sont d'aucun effet comme ornement.
Au-dessous de cette galerie, règne une frise de feuilles entablées
dont l'ensemble est du meilleur effet, mais qui malheureusement est fort endommagée, et a même entièrement disparu en
quelques endroits.

Au-dessus des bas-côtés, et au niveau des grandes fenêtres
du chœur, un large trottoir permet encore de faire le tour de
l'Eglise, et de considérer de près les contre-forts et leurs arceaux.

L'historien de l'Eglise de Meaux (I, 299) assure que la Cathédrale était autrefois couverte en ardoises et en plomb, et que l'on fut obligé d'y substituer de grosses tuiles. Si l'édifice y a gagné en solidité, il a beaucoup perdu sous le rapport de la perspective, rien n'étant moins favorable à ces vastes monumens qu'une couverture en tuiles, qui les confond avec tous les bâtimens environnans.

La Cathédrale de Meaux a perdu un ornement plus important, par la suppression d'un clocher en charpente, revêtu de plomb, qui s'élevait au-dessus du transept. Comme il menaçait ruine, on fut obligé de le démolir vers 1640. La boule et la croix, qui étaient de cuivre doré, pesaient 600 livres, et furent employées à la décoration du grand autel en 1686. (Mss. de Ledieu, page 6.)

La Cathédrale entièrement dégagée à l'ouest et à l'est, le sera aussi très prochainement du côté du midi, le Gouvernement ayant déjà acheté une partie des constructions qui y sont adossées. Du côté du nord, la sacristie et un bâtiment de l'Evêché viennent s'appuyer sur l'Eglise, et obstruent même complètement le bas du portail septentrional.

Après avoir donné cette idée générale de l'extérieur de la Cathédrale, il est juste d'entrer dans quelques détails sur les parties les plus ornées et les plus caractéristiques.

§ II. — *Façade occidentale, ou grand Portail.*

Cette façade, commencée sur le plan noble et imposant de nos plus belles basiliques, offre trois portails à voussures profondes, dont les deux latéraux devaient être surmontés de deux tours carrées, comme à Notre-Dame de Paris. Malheureusement la tour méridionale, celle de droite, n'a jamais été faite, et immédiatement au-dessus de ce portail, les constructions en pierres sont remplacées par une masse de charpentes couverte en ardoises, désignée sous le nom de *Tour noire,* dont la hauteur atteint à peine celle du pignon de la nef.

Ce qui contribue à donner de la grâce à cette façade, c'est le beau parvis qui la précède, et auquel on monte par huit marches. Ce parvis, fait en 1610, a environ 120 pieds de largeur, sur une profondeur de 27 pieds en avant du trumeau des portails. Il a été entièrement rétabli vers 1816.

Sur sa largeur, la façade est divisée en trois parties par quatre contreforts de bon goût, encore très ornés dans leur partie inférieure, mais qui ont perdu presque toutes leurs sculptures dans les parties supérieures.

Sur sa hauteur, la façade présente comme quatre étages : le premier, rempli par les trois portails, est seul achevé. Dans la partie centrale, une rose occupe le second étage, et le pignon triangulaire de la nef forme le troisième ; au midi la tour noire forme le second étage ; au nord, la tour a trois étages au-dessus du portail.

Le portail du milieu et celui de droite sont surmontés l'un et l'autre de frontons triangulaires aigus, avec des bouquets de feuilles à courbures sur leurs arêtes, et leurs tympans décorés par des compartimens flamboyans.

Le portail de gauche, sous la tour, présente une ogive plus obtuse que les deux autres, surmontée d'un très petit fronton à contre-courbe, ou en accolade, avec des feuilles sur ses arêtes.

Les quatre contre-forts qui séparent ces portails sont ornés de trois rangs d'arcades ou de niches superposées. Ces ornemens sont très détériorés sur les deux contre-forts de droite ; on y distingue cependant encore des trilobes, des quatrefeuilles, et, si je ne me trompe, il faut les attribuer au XIVe siècle. Les deux contre-forts de gauche, mieux conservés, présentent l'ogive à contre-courbe avec les dais et les feuilles renversées des XV° et XVIe siècles.

Les parties de murs laissées vides par les frontons sont couvertes d'arcades figurées en relief, malheureusement très endommagées.

Les trois portails offrent chacun des voussures profondes, garnies de trois rangées de statues séparées par de petits dais. Chaque portail était décoré, sur les parois latérales, de trois statues de chaque côté, portées sur des bases élevées, ornées d'arcades figurées ; le trumeau présentait une septième statue avec une base semblable. Ces grandes statues ont disparu, et les statuettes des voussures sont fort mutilées. Au premier coup-d'œil, on aperçoit une différence de style entre l'ornementation du portail de gauche et celle des deux autres; et le premier étant certainement du XVe siècle, on peut conclure que les autres sont du XIVe; ce qui s'accorde très bien avec la concession de terrein faite à la fin du XIIIe siècle, par Philippe-le-Bel, pour prolonger l'Eglise.

Les tympans de ces trois portails sont remplis par trois rangées de bas-reliefs qui ont moins souffert que le reste des ornemens.

Au portail du milieu, le bas-relief supérieur représente Notre Seigneur assis entre deux Anges adorateurs. Au-dessous, les Anges sonnent de la trompette pour annoncer le jugement dernier. Le bas-relief inférieur présente, dans le milieu, la sortie des tombeaux; à gauche, les Anges conduisant les élus au paradis figuré par de petites niches; à droite, les Démons conduisant les réprouvés dans l'enfer, figuré par une vaste gueule de dragon vomissant les flammes. Je présume qu'au trumeau de la porte, il devait y avoir une statue de Notre Seigneur. Les statues des parois latérales représentaient des Evêques de Meaux. On lit encore, sur le contre-fort qui sépare ce portail de celui de droite, ces mots gravés en caractères gothiques : Ce sont les saints Evêques de l'Eglise de céans.

Au portail de droite, il est probable qu'une grande statue de la sainte Vierge était adossée au trumeau. Dans le bas-relief inférieur, on distingue parfaitement l'Annonciation, la Naissance de Notre Seigneur et l'Adoration des Mages. Au-dessus, ce doit être la Mort de la sainte Vierge, à laquelle assistent les douze Apôtres groupés de chaque côté. Enfin, dans le bas-relief supérieur, Notre Seigneur est assis, ayant la sainte Vierge à sa droite, avec deux Anges adorateurs.

Au portail de gauche, consacré à saint Jean-Baptiste, la grande statue de ce saint devait se trouver au trumeau. Le bas-relief du haut offre l'*Agnus Dei* entre deux Anges. Dans le bas-relief du milieu, le tableau de gauche est certainement la Naissance de saint Jean-Baptiste; on y reconnaît Zacharie écrivant sur une tablette le nom de l'enfant. Le tableau de droite est plus difficile à préciser : peut-être représentet-il le moment où saint Jean reproche à Hérode son alliance incestueuse. Dans le bas-relief inférieur on voit saint Jean tiré de prison, sa décollation, et le repas pendant lequel on apporte la tête du saint Précurseur à la fille d'Hérodiade.

Au-dessus des portails, la partie centrale de la façade est remplie par une grande ogive dans laquelle est inscrite une rose à compartimens flamboyans, dont la partie inférieure est bouchée, et cachée derrière le cadran. Ce second étage est couronné par une galerie destinée à unir les deux tours, et formée d'arcades cintrées sans chapiteaux, caractère évident du XVI⁰ siècle. Au milieu de cette balustrade on voyait encore, au commencement de ce siècle, un écusson des armes de France, soutenu par deux salamandres, ce qui indique assez le règne de François Ier. En retraite de cette galerie, s'élève le pignon triangulaire de la nef, sans autre ornement qu'une fausse rose au milieu du tympan, et de grands crochets sur ses arêtes.

Le portail de gauche, déjà décrit, sert de base à la tour qui s'élève avec noblesse à plus de 200 pieds, en y comprenant les petites tourelles des angles. Cette tour est composée de quatre étages, dont le portail forme le premier. Le second étage, richement décoré, présente deux rangées d'arcades superposées, formant des niches élégantes, où l'on retrouve tous les caractères du gothique fleuri (fin du XV⁰ siècle). Les arcades supérieures se distinguent surtout par leurs accolades prolongées et garnies de masses de feuilles renversées.

Le troisième étage est percé de deux fenêtres ogivales, trilobées, avec colonnettes et petit fronton à contre-courbe garni de fleurons. On peut remarquer plusieurs figures saillantes d'animaux fantastiques accolées à ces deux fenêtres.

Le quatrième étage présente deux autres ogives remplies par les abat-vents, et quelques compartimens en cœur. Des deux côtés de ces fenêtres, la muraille est richement décorée par des ogives figurées avec frontons à contre-courbe et pinacles dans le goût du XVI⁰ siècle. La même ornementation, qui a beaucoup souffert des injures du temps, décore également toutes les faces de la tour, et présente, dans les parties encore apparentes, un fini et une délicatesse de sculpture très remarquables.

Chacun des étages dont nous venons de parler est séparé par

des frises formées d'une guirlande de feuillages. Celles du second étage sont encore bien conservées, et paraissent d'une exécution fort soignée. Outre les gargouilles, on aperçoit sur les diverses faces de la tour plusieurs animaux bizarres ; on en retrouve aussi quelques-uns à l'intérieur : ainsi, au troisième étage, près de la fenêtre donnant sur la cour de l'Evêché, on voit un renard qui semble tout récemment sculpté, tant il est bien conservé. A l'étage supérieur, on distingue dans les angles les symboles des quatre Evangélistes, disposés en forme de consoles.

Le sommet de la tour présente une plate-forme recouverte d'une calotte en plomb, et entourée d'une balustrade en pierre avec compartimens en cœur. Cette balustrade a été refaite en grande partie en 1835 ; mais l'on a conservé exactement le dessin de l'ancienne. A chacun des angles de cette plate-forme, s'élève une flèche pentagone en forme de guérite, surmontée d'une petite pyramide terminée par une fleur de lys aussi en pierre. Ces constructions, dénuées d'ornemens, n'ont aucune grâce, et de loin leur forme ressemble assez à celle d'une bouteille. Elles se composent de vingt-deux assises de pierre d'un pied chacune environ.

Le manuscrit de l'abbé Ledieu atteste que ces tourelles s'élevaient autrefois plus haut, et qu'on avait été obligé de les diminuer de près de moitié en 1700. Elles ont été toutes quatre presqu'entièrement refaites au commencement de ce siècle : deux d'entre elles portent la date de 1818.

Dans l'une des tourelles est l'escalier de la tour ; une autre servait à loger le guet en temps de guerre, et les deux autres à renfermer ses provisions.

Au milieu de la tour était anciennement une grosse cloche, placée aux frais de la ville, pour sonner le tocsin. Elle portait la date 1586 avec cette légende : *Nisi Dominus custodierit civitatem, frustrà vigilat qui custodit eam.* Cette cloche a été descendue en 1805.

La tour a 182 pieds de haut, au-dessus de la cour de l'Evêché, la balustrade non comprise. Celle-ci a près de 4 pieds de haut de ce côté, tandis qu'elle n'a que 2 pieds 1/2 sur la face opposée. En ajoutant 22 pieds pour les tourelles, la hauteur totale de la tour sera de 204 pieds au-dessus de la cour de l'Evêché.

La plate-forme a 38 pieds de large en-deçà de la balustrade ;
ce qui donne une superficie de 1,444 pieds carrés. On y monte
par un escalier de 310 marches.

Il y avait autrefois dix cloches, qui ont été enlevées pendant la Révolution de 1793 ; il n'en existe plus que quatre
aujourd'hui.

La plus grosse, *Etiennette*, pèse 6,000 ; la seconde, *Farone*,
pèse 4,000 ; ces deux cloches ont été fondues en 1809, et bé-
nites par Mgr de Faudoas ; la troisième, *Marie-Rose*, pèse
environ 650 ; elle a été fondue en 1805 ; la quatrième, *Céline*,
a été refondue en 1833, et ne pèse que 500.

§ III. — *Portail septentrionnal.*

Ce portail, ainsi que je l'ai remarqué, est entièrement ob-
strué dans sa partie inférieure par l'escalier de la haute sacristie et les bâtimens adjacens. Il ne paraît pas avoir eu de
voussures profondes ni de statues, comme le portail du midi.
On voit seulement de chaque côté, des colonnettes un peu
anguleuses, avec des chapiteaux ornés de feuillages. Le trumeau, dont le chapiteau présente une branche de vigne, est
décoré d'une grande statue de saint portant un livre. Au-dessous, est une autre statue plus petite et assise, mais tellement
mutilée, qu'on ne peut en reconnaître le sujet. M. Ledieu
dit que le tympan de ce portail est orné d'un bas-relief représentant l'histoire de saint Etienne. Il est impossible d'en juger
aujourd'hui, ce bas-relief caché derrière les boiseries de la sacristie haute n'offrant que des personnages mutilés, et en partie
engagés dans l'épaisseur du plancher. Toutefois, j'aurais de la
peine à admettre que l'histoire de saint Etienne fût le sujet des
sculptures des deux portails latéraux ; et nous allons la retrouver au portail méridional.

Au-dessus du portail septentrional s'ouvre une suite de fenêtres ogivales, qui correspondent à la galerie intérieure, et
sont surmontées par une grande verrière également en ogive,
dont je décrirai les formes en parlant de l'intérieur de l'Eglise.
Le fronton qui termine cette façade n'a d'autre ornement qu'une

2

fausse rose. Il était surmonté autrefois d'une statue de saint Etienne, que T. Duplessis (I, 295) dit avoir été descendue parce qu'elle menaçait ruine. Elle existait encore en 1707, d'après le manuscrit de l'abbé Ledieu. Les deux contre-forts qui accompagnent cette façade sont très simples et sans aucun ornement. Celui de gauche est terminé par une campanille à arcades cintrées, surmontée d'une petite pyramide armée de fleurons en crochets et de figures fantastiques. Il devait sans doute y en avoir une semblable sur le contre-fort de droite ; mais elle n'a pas été achevée, et n'offre qu'une petite tourelle sans aucune grâce.

Près de ce portail est la sacristie qui s'ouvre sur le bas-côté gauche du chœur, et qui a été agrandie de moitié en 1721, par le Cardinal de Bissy et le Chapitre.

§ IV. — *Portail méridional.*

La partie supérieure du portail méridional offre le même aspect que celui du nord : quatre fenêtres ogivales répondant à la galerie intérieure ; grande verrière aussi en ogive ; fausse rose dans le fronton ; la campanille de gauche inachevée, celle de droite formée par des arcades trilobées, couvertes de nombreux crochets, et surmontée d'une pyramide dont les angles sont garnis de têtes d'animaux. Au-dessus du fronton, il existait encore, en 1731, une statue de saint Michel, qui est remplacée aujourd'hui par une statue de la sainte Vierge.

Le portail, proprement dit, élevé sur un petit parvis, présente une ogive à voussures profondes, surmontée d'un fronton triangulaire et accompagnée, sur les côtés, de deux jolis panneaux, terminés également par des frontons aigus. Le fronton du milieu est rempli par une croix grecque, encadrée dans un grand quatrefeuille ; les deux autres sont ornés de trèfles et de quatrefeuilles, et tous les trois ont leurs arêtes couvertes de fleurons et de feuilles renversées. Toute cette partie du portail a été entièrement refaite de 1832 à 1835. Dans les angles des frontons, on a sculpté très délicatement des gargouilles représentant des animaux fantastiques, et au-dessous, deux personnages accroupis, d'une physionomie aussi piquante que bizarre. Ce portail étant appelé anciennement le portail *aux lions*, on a eu soin de conserver des têtes de lions à quelques-uns des animaux dont je viens de parler.

La portion ancienne de ce portail est fort endommagée. On ne voit plus que deux voussures chargées de statuettes d'anges et de saints. Le tympan est décoré de trois rangs de bas-reliefs. Celui du bas, très mutilé, représente, à ce qu'il me semble, la condamnation de saint Etienne dans le conseil; dans le bas-relief du milieu, je crois voir à gauche la lapidation de saint Etienne, et son tombeau à droite. Le sommet du tympan présente Notre Seigneur assis entre deux anges adorateurs.

Six grandes statues très mutilées décorent les parois latérales du portail; elles sont supportées par des bases à arcades simulées, et couronnées de petits dais. Une septième statue devait être placée au trumeau de la porte; mais elle a disparu : c'était, je le présume, celle de saint Etienne. On voit, d'après cette description, que ce portail ressemble beaucoup à ceux de la façade occidentale, et probablement il est de la même époque, le XIVe siècle, autant que je puis en juger.

Les panneaux qui accompagnent ce portail sur les côtés, présentent dans la partie inférieure chacun deux arcades trilobées garnies de statues; ces statues sont couronnées d'un petit dais, comme celles du portail, et supportées par des consoles représentant des personnages accroupis. L'état de mutilation de toutes ces sculptures ne permet pas d'en reconnaître le sujet d'une manière certaine.

ARTICLE III.

INTÉRIEUR DE LA CATHÉDRALE.

§ I. — *Idée générale du plan, et dimensions.*

C'est surtout à l'intérieur que la Cathédrale de Meaux offre un beau modèle d'architecture gothique, et peut rivaliser, par son élégance et sa hardiesse, avec nos Cathédrales de France les plus vantées. Son plan est parfaitement régulier ; il présente une large nef, accompagnée à droite et à gauche d'un double bas-côté d'une élévation peu ordinaire. A la suite de la nef, s'ouvre le transept ou la croisée, d'une largeur égale à celle de la nef, et terminé à chaque extrémité par un portail latéral surmonté d'une très belle fenêtre. Le chœur, dont l'entrée est entièrement dégagée, est accompagné, comme la nef, d'un double bas-côté, mais seulement jusqu'au sanctuaire, où le bas-côté extérieur est remplacé par une suite de sept chapelles semi-circulaires, qui forment le fond de l'Eglise.

En se plaçant sous la tribune de l'orgue, on saisit parfaitement tout l'ensemble de cet édifice ; et si l'on n'éprouve pas d'abord ce religieux étonnement qui s'empare de l'âme lorsqu'on entre dans nos plus vastes basiliques, telles que Chartres, Paris ou Amiens, on ne peut se défendre d'un sentiment d'admiration à la vue de cette composition pleine de noblesse et d'élégance.

Quoiqu'on puisse signaler ici quelques défauts, une nef beaucoup trop courte, des fenêtres un peu courtes aussi, et l'absence de ces vitraux coloriés qui répandent dans certaines Eglises une si religieuse obscurité, il n'en est pas moins vrai de dire que par la largeur de la nef, l'élévation des voûtes, surtout dans les bas-côtés, les grandes et nobles proportions du chœur, l'élégance de la galerie et de la plupart des fenêtres,

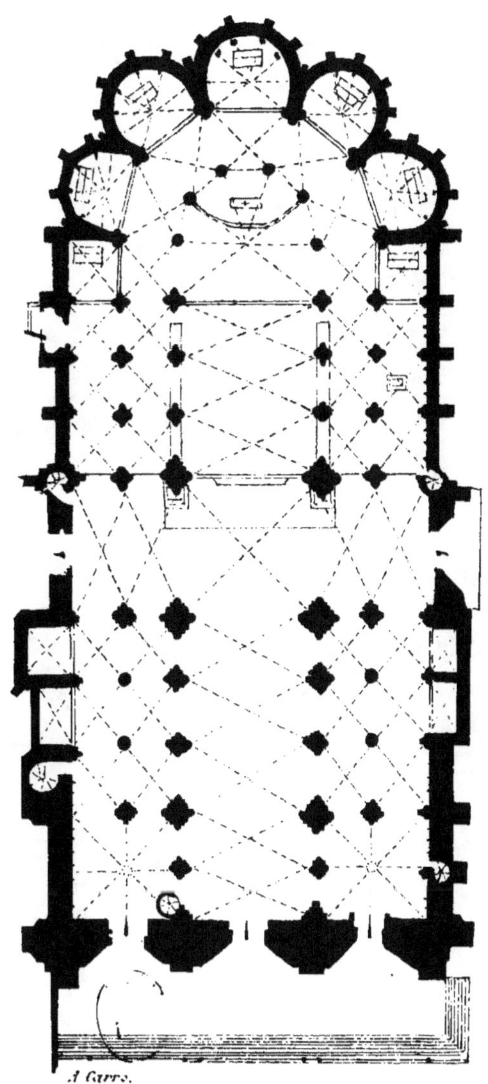

A Guvs.
10   20   30   40   50 mètres.

la Cathédrale de Meaux peut être hardiment citée au second
rang parmi les plus belles Eglises de France.

Voici les principales dimensions de l'édifice, prises dans l'intérieur :

	m.	c.	p.	
Longueur, depuis le trumeau du grand portail jusqu'à l'axe des piliers du transept.	28	68	88	
De l'axe de ces piliers à la grille du chœur.	13	67	42	
De la grille du chœur au bas du Sanctuaire.	17	33	53	$\frac{1}{4}$
Des marches du Sanctuaire à la grille derrière l'autel.	12	53	38	$\frac{1}{2}$
De la grille derrière l'autel aux marches de la chapelle du chevet.	4	56	14	
Profondeur de la chapelle du chevet jusqu'au mur.	7	58	23	$\frac{1}{4}$
Longueur totale.	84	35	259	
Largeur, du trumeau de la porte septentrionale à celui de la porte méridionale.	35		109	$\frac{1}{2}$
Du fond de la chapelle de la Visitation au fond de la chapelle du saint Sacrement.	41		126	
Nef, de l'axe de l'un des petits piliers à l'autre.	13	77	42	
Nef, à l'intérieur des piliers.	11	77	36	
Largeur du chœur entre les stalles.	7	70	23	$\frac{1}{2}$
Largeur des bas-côtés de la nef entre les piliers.	3	30	10	
Hauteur de la voûte des bas-côtés sous les arcs doubleaux.	16	25	50	
Hauteur de la voûte du chœur sous les arcs doubleaux.	29		89	
Hauteur de la voûte au milieu du transept.	31	50	97	

§ II. — *La nef.*

La nef, malheureusement trop courte, ne forme que cinq
travées, y compris celle que remplit la tribune des orgues.

Piliers. La nef est soutenue par dix piliers en faisceau, dont
quatre de 10 à 11 pieds de diamètre, aux angles du transept et des tours, et six d'environ 6 pieds de diamètre, savoir,
deux sous les tours, et quatre au centre de la nef.

Les piliers du transept ont des chapiteaux à feuilles recourbées, comme ceux du chœur et du sanctuaire. Tous les autres
piliers ont des chapiteaux assez bas, offrant des guirlandes de
feuilles de vignes ou de houx.

Les bas-côtés de la nef sont soutenus par quatre piliers au

nord, et quatre piliers au midi. Les piliers répondant aux gros piliers de la nef sont cantonnés de colonnes engagées, au nombre de quatre et plus. Les piliers intermédiaires sont de très belles colonnes d'un seul fût, avec des chapiteaux ornés de feuilles diverses, de forme assez naturelle, et quelquefois disposées en branches perpendiculaires.

Galerie. Au-dessus des arcades de la nef, règne une galerie qui se prolonge tout autour de l'Eglise, à la même hauteur, si ce n'est en face des deux grandes fenêtres du transept. Cette galerie, d'un style uniforme dans le chœur et sur trois faces du transept, présente plusieurs types bien différens dans le reste de la nef.

Sur la face nord-ouest du transept, dans les deux premières travées de la nef, côté du nord, et dans la première, côté du midi, la galerie est formée dans chaque travée de quatre ogives simples, un peu lourdes, séparées par d'assez grosses colonnettes, à chapiteaux ornés de feuilles recourbées ou autres. Cette construction rappelle le style du XIIIᵉ siècle.

La seconde travée, côté du midi, présente des arcades à plein-cintre dont la partie supérieure est remplie par un trilobe, surmonté de deux roses encadrées ; moulures anguleuses ; point de chapiteaux.

Dans la troisième travée, midi et nord, même plein-cintre avec trilobes, mais point de roses.

L'ogive trilobée reparaît dans les deux dernières travées ; mais du côté de la tour du midi, cette ogive est ornée de tores et de colonnettes rondes avec chapiteaux à fleurons, tandis que du côté de la tour du nord on ne voit que des moulures anguleuses et point de chapiteaux.

De l'examen attentif de cette galerie on devra conclure que les parties voisines du transept sont les plus anciennes ; celles qui avoisinent la tour du midi leur ont succédé ; puis celles qui touchent à la tour du nord, et enfin les parties intermédiaires ou le centre de la nef. Cette observation n'a rien qui doive étonner ; car il est constant que dans beaucoup d'Eglises, le chœur et le portail ont été faits avant le centre de l'édifice. Ce qui me reste à dire de la forme des fenêtres et des petites arcades inférieures, confirmera encore cette opinion, qui se concilie d'ailleurs parfaitement avec le peu de documens historiques que j'ai pu rassembler au commencement de cette notice.

Voûtes. Dans les deux premières travées de la nef, on observe aux voûtes des moulures rondes et des figures à côté des clefs. Dans les trois dernières travées, les plus voisines du portail, les nervures sont anguleuses. A la clef de la troisième travée, on voit les armes du Chapitre, une fleur de lys et deux chandeliers.

On peut observer le même système dans les bas-côtés; les deux premières travées sont à moulures rondes, les autres à moulures anguleuses.

Verrières. Du côté du midi, la nef a trois fenêtres ouvertes, et deux fermées par la tour noire. Au nord il y en a deux ouvertes et trois fermées, une de plus, à cause de l'escalier de la tour. Dans la première travée au midi, et les première et seconde au nord, les fenêtres sont divisées en deux ogives simples, avec une rose sans compartimens au tympan. Ce style sévère se coordonne parfaitement avec la galerie qui est au-dessous. En dehors, la moulure extérieure de ces fenêtres présente quelques restes de fleurons, autre caractère d'ancienneté. Dans les seconde et troisième travées au midi, les fenêtres sont divisées en deux ogives secondaires, subdivisées en deux trilobes, avec des compartimens en cœur. On retrouve ces mêmes compartimens et l'ogive en accolade dans les cinq travées qui sont fermées : caractère incontestable des XVe et XVIe siècles.

Au portail, une grande ogive encadre une rose à compartimens flamboyans.

Dans les deux chapelles du midi, les fenêtres sont formées par une belle ogive divisée en deux autres, avec une rose à sept lobes au tympan; chaque ogive secondaire se subdivise à son tour en deux trilobes surmontés d'une rose à cinq lobes.

Les deux chapelles du nord, et les trois dernières travées du bas-côté du midi présentent l'ogive trilobée, avec l'accolade et les compartimens flamboyans.

Les deux fenêtres sous la tour du nord offrent l'ovale, le carré et le plein-cintre, disposition plus moderne et sans aucune grâce.

Petites arcades inférieures. Le bas des murailles est orné d'une fausse galerie en relief, présentant une suite d'arcades de diverses formes.

Dans la première chapelle au midi, dite du saint Sacrement, on voit de jolies ogives trilobées en harmonie avec la verrière. Dans la seconde chapelle de ce côté et les deux chapelles du nord, des lambris modernes recouvrent les arcades.

Dans les troisième, quatrième, cinquième travées du midi, et sur la face du portail de droite, les ogives sont simples, avec des colonnes rondes et des chapiteaux à deux bouquets superposés.

Dans les troisième, quatrième et cinquième travées du nord, les arcades sont cintrées, avec colonnettes rondes et petits chapiteaux divers. Au-dessus de la porte de l'escalier de la tour, on observe un petit fronton à contre-courbe.

Les faces du portail du milieu et du portail de gauche offrent des ogives trilobées, avec des chapitaux détruits.

Orgues. La tribune des orgues est soutenue par une belle arcade hardiment jetée d'un pilier à l'autre, et décorée de compartimens cintrés trilobés, imitant une galerie, avec des frises de feuillage et une balustrade élégante à compartimens flamboyans, du goût le plus pur. Au fond de la tribune, le mur du portail est orné de compartimens du même genre, malheureusement perdus pour la vue derrière le buffet des orgues.

Les orgues furent faites et placées en 1627, par Valeran de Héman, le plus habile facteur de son temps.

Chaire. Elle est adossée au premier pilier de la nef, à l'angle du transept, du côté du midi. Cette chaire, très simple, n'a d'autre mérite que d'avoir été refaite avec les panneaux de l'ancienne chaire, dans laquelle Bossuet avait si souvent fait entendre sa voix éloquente : un de ces panneaux porte la date de 1621.

§ III. — *Chapelles de la nef.*

Il y a quatre chapelles dans la nef, deux au midi, deux au nord, toutes quatre construites hors œuvre, dans l'intervalle des contre-forts, et aujourd'hui sans autels.

La première, du côté du midi, c'est-à-dire la plus proche du portail *aux Lions,* est dédiée au S. Sacrement. Elle fut fondée par Jean Rose en 1331, ainsi qu'il résulte d'un acte capitulaire du mardi de Pâques de cette année. Le fond de la chapelle est orné de quatre ogives trilobées, où sont peints quatre personnages, Jean Rose et sa femme, au-dessus desquels on voit un écusson portant trois roses; et deux chapelains ayant aussi leurs écussons. Les murs latéraux sont couverts d'anciennes peintures fort endommagées.

Jean Rose et sa femme furent inhumés dans cette chapelle, où ils sont représentés sur une belle pierre de marbre noir, avec des incrustations de marbre blanc. Les deux personnages sont figurés dans des niches gothiques très-ornées, surmontées de frontons aigus avec des fleurons à retroussis sur leurs arêtes. Dans la partie supérieure de cette tombe, on voit quatre charmantes figures d'anges. L'inscription est en partie effacée : du côté de la femme on lit seulement : *Jadis Jean Rose, bourgeois de Meaux, qui trépassa l'an de grâce mil cccxxviij, viij jour du mois d'avril : priez pour l'ame.* Du côté de Jean Rose on lit : *Qui trépassa l'an de grâce mil ccclxiiij, le xx jour de janvier.*

La seconde chapelle de ce côté, dédiée à S. Martin, fut décorée d'un lambris par le chanoine Martin Marinel, mort en 1649. Ce lambris existe encore au fond de la chapelle sur le côté droit : on y voit plusieurs petits panneaux peints sur bois par Senelle, représentant diverses circonstances de la vie de saint Martin. Le tableau du côté gauche, aussi sur bois, faisait partie de la décoration de la chapelle saint Jean. La boiserie de ce même côté vient de la Chartreuse de Bourgfontaine. Cette chapelle est en quelque sorte pavée de pierres tumulaires, mais de personnages peu connus. Près de là, dans le bas-côté, on voit la tombe de Jean Phelipeaux, célèbre docteur de sorbonne, qui avait été grand vicaire de Bossuet, et qui mourut en 1708.

La première chapelle du côté du nord, près du portail septentrional, est dédiée à la Visitation. Elle fut bâtie en 1512 par le Chanoine Pierre de Fabri, qui y est enterré. On voit dans cette chapelle un groupe de deux statues bien exécutées, représentant sainte Elizabeth et la sainte Vierge. L'encadrement est formé de pilastres cannelés et d'un fronton coupé. On peut observer deux figures d'animaux bizarres dans la moulure qui encadre cette chapelle, où l'on a placé depuis quelques années les fonts baptismaux.

Sur le pavé, on remarque la tombe du fondateur, Pierre de Fabri, mort en 1526, et représenté avec un autre Chanoine, Simon Prieur, mort seulement en 1540. On y voit aussi celle du Doyen Félix Vialart, mort en 1623, oncle de l'Evêque de Châlons. Non loin de là, dans le bas-côté, une modeste inscription tumulaire rappelle la mémoire de Sébastien de Brossard, Chanoine, mort en 1730, qui a publié plusieurs ouvrages estimés sur la musique.

La seconde chapelle, dite de l'Annonciation, a été bâtie par le chantre Jean de Marcilly, qui mourut en 1506, et y est enterré. On y a placé le tableau de l'Annonciation dont M. de Ligny avait décoré la chapelle du Chevet en 1661. On voyait autrefois sur la vitre le chantre Jean de Marcilly, peint en chape avec son bâton, comme on peut l'observer encore sur sa belle pierre tombale. On doit remarquer une jolie guirlande de feuillage autour de l'arcade qui forme l'entrée de cette chapelle.

§ IV. — *Croisée.*

La croisée ou le transept se fait remarquer par ses grandes et élégantes proportions.

La décoration des deux faces latérales peut se diviser en quatre ordres ou quatre étages : les petites arcades inférieures, de grandes ogives figurées, une galerie à jour, et une grande verrière.

Les petites arcades inférieures. Elles se composent, au nord et au midi, d'une suite d'élégantes ogives trilobées, avec colonnettes arrondies et chapiteaux à feuilles disposées sur deux rangs, et pour ainsi dire piquées dans le chapiteau.

Ogives figurées. Au-dessus de ce premier ordre, la muraille est décorée à droite et à gauche de chaque porte par trois grandes ogives qui présentent quelque différence dans les deux portails.

Au midi, l'ogive principale est divisée en deux ogives secondaires, et chacune de celles-ci en deux trilobes. Des quatrefeuilles ornent les tympans des ogives secondaires, et une rose à sept lobes avec bouquets à la pointe des angles rentrans, orne le tympan de l'ogive maîtresse : deux autres roses semblables remplissent l'intervalle entre l'extrados des ogives principales.

Au nord, même division de l'ogive principale en deux ogives secondaires et en quatre trilobes ; mais ici les trèfles dominent, et le tympan de l'ogive maîtresse est rempli par un quatrefeuille à lobes trilobées. Chaque grande ogive est surmontée d'un fronton aigu, avec des feuilles recourbées sur ses angles. Le tympan est rempli par un quatrefeuille encadré, avec bouquets à la pointe des angles rentrans. Un fronton semblable surmonte la porte, et est accompagné de deux pinacles qui le séparent des autres frontons. Cette composition est plus variée que celle des arcades du portail opposé ; mais on y remarque plus de maigreur dans les ornemens, et je la crois un peu postérieure.

Galerie à jour. On remarque encore ici plus de simplicité dans le portail du midi que dans celui du nord.

Au midi, quatre arcades ogivales auxquelles répondent quatre fenêtres. Chaque ogive est divisée en deux trilobes avec des quatrefeuilles encadrés dans les tympans, et des trèfles dans les intervalles des ogives.

Au nord, les quatre arcades ogivales correspondant également aux quatre fenêtres, sont aussi divisées en deux trilobes, avec des roses à cinq lobes dans les tympans. Chaque arcade est de plus surmontée d'un fronton aigu avec des feuilles recourbées sur ses angles. Dans le bas de la galerie règne une balustrade formée de petites arcades trilobées. Ces élégantes galeries se lient parfaitement avec les grandes verrières qui forment l'ordre supérieur.

Grandes verrières. Les deux grandes fenêtres du nord et du midi offrent la même disposition dans leurs compartimens ; mais la fenêtre du nord est accompagnée d'une balustrade de quatrefeuilles qui manque au portail du midi.

Ces grandes fenêtres ogivales se partagent d'abord en deux, puis en quatre ogives, et enfin en huit trilobes ; avec des ro-

saccs à cinq ou sept lobes dans les tympans des ogives secondaires, et une rose à compartimens nombreux dans le tympan
de l'ogive maîtresse.

Ces deux grandes verrières étaient encore garnies de vitraux
peints en 1707 : (Mss. Ledieu, 21.) du côté du midi étaient représentés plusieurs martyrs ; mais déjà ces vitraux étaient alté-
rés, et on avait remplacé plusieurs panneaux avec des vitres
des chapelles, ce qui ne permettait pas de reconnaître les su-
jets. La fenêtre du nord très bien conservée représentait la
sainte Vierge entourée des saints Evêques de Meaux désignés
par leurs noms en caractères gothiques. A gauche de la sainte
Vierge étaient saint Denis, saint Saintin, saint Antonin et
saint Rigomer ; à droite, saint Gilbert, saint Faron et saint
Hildevert. Ces vitraux ont malheureusement disparu. Depuis
quelques années on a recomposé la fenêtre du portail méridional avec quelques fragmens d'anciens vitraux et des verres
modernes.

Fenêtres au-dessus des bas-côtés. Huit autres fenêtres éclairent le transept et correspondent aux arcades des doubles bas-
côtés.

Les quatre fenêtres du croisillon du midi et les deux du croisillon du nord, côté du chœur, sont conformes aux fenêtres
des premières travées du chœur, c'est-à-dire que l'ogive principale est divisée en deux ogives secondaires, avec une rose
à six lobes dans le tympan ; et ensuite chaque ogive secondaire
subdivisée en deux trilobes avec des trèfles dans les tympans.

Les deux fenêtres du même croisillon, côté de la nef, présentent, comme les premières travées de la nef, une ogive
divisée seulement en deux autres ogives simples avec une rose
sans compartimens au tympan.

Voûtes. Les voûtes du transept sont, comme celles du chœur
et des premières travées de la nef, soutenues par des arcs doubleaux et des arceaux à moulures rondes.

Chapelles de la croisée. Il n'existe aujourd'hui que deux
chapelles dans la croisée qui remplacent celles qui étaient autrefois sous le jubé, et dont je parlerai plus bas ; mais très anciennement il y en avait deux autres adossées au premier pilier
des bas-côtés du chœur.

Du côté du nord était l'autel de saint Jean-Baptiste ou du Cantuaire. C'était, dans les temps les plus reculés, la paroisse de la Cathédrale pour les domestiques des Chanoines et la plupart des habitans de la ville. A ce même pilier était adossé le *Dieu de pitié*, qu'on voit aujourd'hui dans la chapelle de sainte Geneviève.

Du côté du midi était l'autel de saint Eustache. Ces deux autels ont été abattus en 1725 et avec raison. Ceux qu'on voit dans la Cathédrale d'Amiens y font un mauvais effet, malgré la richesse des ornemens qui les décorent.

Les bas-côtés du chœur sont fermés par quatre grilles en fer, qui ont été données par Mgr de Faudoas, au commencement du XIXe siècle.

§ V. — *Le Chœur.*

Le Chœur, la partie la plus remarquable de tout l'édifice, et tout-à-fait digne de l'attention des artistes, présente des différences de style assez notables dans sa partie inférieure, c'est-à-dire jusqu'à la hauteur de la voûte des bas-côtés. La galerie et les verrières offrent d'ailleurs un ensemble parfait. Je vais essayer de décrire successivement ces differentes parties.

Le Chœur proprement dit, depuis le transept jusqu'aux marches du Sanctuaire, est composé de trois travées formées de chaque côté par quatre piliers. Il parait que dans le premier plan de l'édifice, les bas-côtés devaient avoir peu d'élévation, et être surmontés de larges tribunes comme à saint Etienne de Caen et à Notre-Dame de Paris. Les piliers ne s'élevaient d'abord qu'à environ 16 pieds de haut, chapiteaux compris, supportant des arcades ogivales dont le sommet atteint à peine 25 pieds. Ce devait être là évidemment la hauteur des bas-côtés projetés. Ces piliers trapus sont cantonnés de quatre colonnes engagées, dont les chapiteaux offrent pour ornemens diverses espèces de feuillages, et presque toujours des feuilles roulées en volutes. Les arcades présentent une ogive qui n'a d'autres ornemens que plusieurs tores. Au-dessus de ces arcades, règne une petite frise décorée de fleurons en étoiles, ornement qui sent encore l'architecture romane. Ces parties basses du chœur sont très probablement les constructions les plus anciennes de la Cathédrale actuelle. L'existence de ce premier plan est encore confirmée par les traces de chapiteaux que l'on remarque sur plusieurs piliers de la nef, et qui, par leur style et la hauteur à laquelle ils sont placés correspondent parfaitement avec ceux des gros piliers du chœur.

Ce plan fut ensuite modifié : on abandonna le projet des tribunes, et on donna une plus grande élévation aux bas-côtés. Dès-lors il fallut exhausser les piliers du chœur, et au-dessus de leurs chapiteaux s'élevèrent de nouvelles colonnes donnant naissance à un second ordre d'arcades ogivales. Cette portion du chœur se fait remarquer par sa légèreté. En la considérant à l'intérieur on voit chaque pilier métamorphosé en un faisceau d'élégantes colonnettes qui s'élancent jusqu'à la naissance de la voûte, et se terminent par des chapiteaux à feuilles roulées en volutes. Ces arcades supérieures sont partagées chacune en deux ogives trilobées, accompagnées de colonnettes, et surmontées d'une rosace à six lobes. Il est important de remarquer que les angles formés par la partie rentrante qui sépare les lobes les uns des autres, sont ornés de bouquets, ce qui annonce une époque déjà bien avancée dans l'architecture gothique, le XIVe siècle, selon M. de Caumont.

Le Sanctuaire, dont la date paraît certaine (la fin du XIIIe siècle ou le commencement du XIVe), est composé de sept travées formées par les deux derniers piliers du chœur, et six magnifiques colonnes cylindriques d'environ 4o pieds de haut, à chapiteaux ornés de feuilles roulées en volutes, et cantonnées d'une grosse moulure un peu anguleuse qui s'élève d'un seul jet du sol du Sanctuaire à la naissance des voûtes. L'intervalle entre ces colonnes est de 9, 9 1/2 et 10 pieds, et forme de belles ogives qui s'élèvent à la hauteur des arcades supérieures du chœur. Cet entrecolonnement est très remarquable, si on le compare avec celui de la-plupart de nos grandes Cathédrales, où l'on ne trouve souvent que 6 à 7 pieds d'intervalle entre les piliers, et contribue beaucoup à donner de la grâce et de la légèreté au Sanctuaire de notre Eglise. A cet avantage, il faut joindre la correspondance parfaite des sept chapelles qui sont égales en hauteur aux bas-côtés et dont le centre répond au centre même du Sanctuaire, de sorte que du milieu de ce Sanctuaire on les découvre toutes en entier, et que leurs vitraux éclairent le chœur à travers l'arcade qui répond à chacune d'elles. On trouve ailleurs, il est vrai, des proportions plus vastes et des voûtes plus élevées; mais tantôt les piliers du Sanctuaire sont trop rapprochés, comme à Amiens, à Orléans et à Chartres; tantôt les chapelles sont moins élevées que le bas-côté, comme à Beauvais, et nulle part je n'ai vu une abside plus élégante et plus gracieuse que la nôtre.

Lorsque le Cardinal de Bissy fit recarreler le Sanctuaire en 1725, et creuser un caveau pour y déposer les corps des Evèques, on trouva deux colonnes debout, à 6 pieds de distance l'une de l'autre : on les laissa à leur place, et on se contenta de supprimer le chapiteau de l'une d'elles qui s'élevait un peu trop haut. (Rochard, Histoire de Meaux, mss., VI, 503.) On doit conclure de ce fait qu'il y avait autrefois une crypte, ou Eglise souterraine au-dessous du chœur. Elle pouvait faire partie des constructions de Gauthier Saveyr; car on sait que ces cryptes étaient fort en usage dans les Xe, XIe et XIIe siècles, et qu'elles furent généralement abandonnées au XIIIe.

La galerie. Au-dessus des arcades que je viens de décrire, à 50 pieds environ du pavé de l'Eglise, règne tout autour du chœur une élégante galerie pratiquée dans l'épaisseur du mur, et formée dans chaque travée par deux ogives subdivisées en deux trilobes avec de grands trèfles dans le tympan, et des trèfles plus petits sur l'extrados des ogives principales. Les colonnettes qui ornent cette galerie présentent des moulures rondes et anguleuses. Leurs chapiteaux très diversifiés offrent des feuilles de lierre, de chêne, des enroulemens, etc. Cette galerie n'a pas de balustrade.

Dans les cinq travées du Sanctuaire, la galerie présente une disposition encore plus élégante. Chaque travée forme une ogive principale, divisée en deux ogives secondaires, subdivisées en deux trilobes. Un grand trèfle remplit le tympan de l'ogive principale, et deux petits trèfles, ceux des ogives secondaires. Deux autres petits trèfles sont placés en dehors de l'ogive principale.

Verrières. Le chœur est éclairé par treize grandes fenêtres ogivales, qui forment comme le troisième étage de l'édifice. Quoique très gracieuses dans leur détail, on pourrait leur reprocher d'être un peu trop courtes, défaut qui serait moins apparent si la galerie était elle même éclairée, et se liait avec les verrières supérieures comme à Chartres, à Troyes, et dans d'autres Eglises où cet ensemble produit un effet réellement admirable.

Les huit premières verrières sont divisées d'abord en deux ogives simples, avec une rose à six lobes au tympan; et chacune de ces deux ogives est ensuite subdivisée en deux trilobes avec des trèfles dans les tympans. Les cinq verrières de l'abside, nécessairement plus étroites, ne sont composées que d'une seule ogive, divisée en deux trilobes, avec une rose à six lobes au tympan.

Il paraît qu'autrefois presque tous les vitraux de l'Eglise étaient peints en grisailles avec des bordures de verres coloriés, et l'on en voit encore quelques restes dans les chapelles. Les verrières du chœur ont été presque toutes refaites de 1820 à 1830; mais l'on a soigneusement conservé le vitrail du fond, qui est tout en verres coloriés. Dans le panneau de droite, on voit représenté Jésus Christ en croix, et au-dessous, le martyre de saint Etienne; dans le panneau de gauche, un autre martyr auquel on va trancher la tête (peut-être saint Denis); et au-dessous, un Evèque tenant la crosse de la main gauche et bénissant de la main droite. Dans la rose, Notre Seigneur est représenté les mains étendues. Dans les bordures de plusieurs vitraux du chœur, des tours crenelées avec des fleurs de lys semblaient indiquer les armes de France et de Castille : on en a fait il y a quelques années les deux écussons qui décorent maintenant les verrières du milieu du Sanctuaire.

Voûte. La voûte du chœur, de même hauteur que celle de la nef, a été refaite en grande partie vers le milieu du XVIIIe siècle. Les arceaux qui la soutiennent sont composés de deux tores dans le bas du chœur, et d'un seul dans le Sanctuaire. Les clefs de voûtes forment de petites rosaces décorées de feuillages et accompagnées de figures dans quelques travées. On peut remarquer à la première une tête grimaçante à grandes oreilles, et au rond-point du Sanctuaire, une tête couronnée. Si l'on en croit la tradition, cette tête serait celle de Jeanne de Navarre, épouse de Philippe-le-Bel, qui mourut en 1304, et contribua de ses dons à la construction de la Cathédrale.

Entrée du chœur. Il y avait autrefois un jubé à l'entrée du chœur, comme dans presque toutes les Cathédrales. Ce jubé, soutenu par trois arcades, avait été rétabli aux frais du Chapitre en 1563, à la suite des désastres causés par les Religionnaires, et était orné de diverses statues, de saint Etienne, des douze Apôtres et des quatre docteurs de l'Eglise latine. Il nous est permis de regretter la suppression de ce morceau d'architecture qui avait été sans doute exécuté dans le goût du temps, et que le Cardinal de Bissy fit abattre en 1723, pour dégager l'entrée du chœur. Sous les deux arcades latérales du jubé étaient deux petits autels, saint Etienne du côté du nord, et saint Sébastien du côté du midi. M. de Bissy les remplaça en 1729 par deux très beaux autels en marbre, auxquels il donna de nouveaux noms; l'autel de droite fut dédié à saint Faron, et l'autel de gauche à saint Henri, patron du Cardinal. Ces autels fort riches avaient le défaut capital de masquer le chœur presque autant que le jubé, et d'être tout-à-fait en désaccord avec le style de l'édifice. Ils furent à leur tour démolis en 1835, sous Mgr Gallard, et l'on employa une partie de leurs marbres à paver l'entrée du chœur. Une somme de 22,000 francs ayant été accordée par le Gouvernement pour restaurer cette partie de l'édifice, on a élevé deux autels gothiques en avant des piliers de la croisée. Ces autels, exécutés en boiseries et en carton-pierre, dans le style du XVIe siècle, sont d'un très bon goût; ils attendent encore les tableaux de saint Etienne et de saint Faron, qui doivent les décorer, et qui ont été également promis par le Gouvernement. L'intervalle entre ces deux autels est fermé par deux panneaux de boiserie en harmonie avec eux, et par une belle grille en fer doré et bronzé de 4 pieds de haut. Une autre grille un peu moins élevée, et placée 16 pieds en avant de la première, renferme les deux autels, et forme un avant-chœur. Cette disposition nouvelle est certainement favorable au coup d'œil, et l'ensemble du monument y gagne beaucoup, lorsqu'on le considère du bas de la nef.

Je ne dissimule pas cependant que la clôture, et même la clôture entière du chœur, n'ait été la pensée primitive des architectes qui ont élevé nos plus belles basiliques. Chartres, Alby, Auch nous en offrent encore des exemples bien remarquables. Les opinions peuvent être partagées à cet égard, et il est facile de soutenir l'une et l'autre thèse, avec des raisons assez plausibles, suivant que l'on envisage une Cathédrale comme l'Eglise du Chapitre ou comme celle du Peuple.

Grilles du Sanctuaire. Le Sanctuaire était aussi fermé dans l'origine par un mur qui en dérobait la vue aux fidèles. Le Cardinal de Bissy le fit démolir en 1722, et l'année suivante on le remplaça par sept belles grilles en fer. Le Cardinal donna celle du fond; quatre furent payées avec les deniers d'un legs fait par Bossuet, et le Chapitre fit les frais des deux autres. Le Chanoine Laurent donna en 1704 la grille d'entrée du chœur, qui lui coûta 4,500 livres. Les deux grilles des portes latérales du chœur, données par le même Chanoine, ne furent posées qu'en 1731. Toutes les grilles du Sanctuaire ont été enlevées lors de la Révolution de 1793, et sont remplacées par des grilles en bois fort médiocres.

Les stalles. Les anciennes stalles du chœur avaient été brisées en 1562 par les Huguenots. Peut-être offraient-elles un nouveau modèle de ces admirables boiseries de Paris, d'Auch ou d'Amiens. Elles furent refaites en 1610, et coûtèrent 3,400 livres. Elles sont simples et uniformes dans leurs ornemens; les bras offrent seulement une branche de feuillage, et le dessous du siége une tête d'ange.

La boiserie qui surmonte les stalles a été ajoutée en 1722, aux frais du Chapitre, et en particulier du Chanoine Laurent. Les stalles, depuis la suppression de celles qui revenaient autrefois en retour des deux côtés de la grille, sont encore au nombre de soixante-quatorze, 41 hautes, y compris le petit trône de l'Evêque, et 33 basses.

Au-dessus de la boiserie des stalles, on voit aujourd'hui six grandes tapisseries des Gobelins : la manne dans le désert, l'eau du rocher, le jugement de Salomon, la guérison de Tobie, la dernière communion de saint Louis, Héliodore battu de verges. Ces tapisseries tiennent la place de tableaux donnés par

Louis XV à la Cathédrale de Meaux, et qui ont été prêtés en 1830 à la manufacture royale des Gobelins, pour être exécutés en tapisseries. Je reviendrai plus tard sur ces tableaux.

Pavé du chœur. Le chœur est pavé de dalles blanches et noires, avec de larges bandes de pierres de liais. Le pavé du Sanctuaire est formé de carreaux de marbre blanc et noir, avec de petites bandes de marbre verdâtre plus estimé qu'agréable à la vue. On doit ces travaux au Cardinal de Bissy, qui fit de grandes dépenses dans sa Cathédrale. Ce fut à cette époque (1725) qu'on enleva toutes les pierres tombales du chœur, et que celle de Bossuet fut placée derrière le maître-autel.

Voici l'épitaphe de cet illustre Prélat, qui n'a pas été correctement rapportée dans son histoire par le Cardinal de Beausset.

A   Ω

HIC QUIESCIT RESURRECTIONEM EXSPECTANS,
JACOBUS BENIGNUS BOSSUET,
EPISCOPUS MELDENSIS,
COMES CONSISTORIANUS,
SERENISSIMI DELPHINI PRÆCEPTOR,
PRIMUS SERENISSIMÆ DELPHINÆ,
DEINDE SERENISSIMÆ DUCIS BURGUNDIÆ
ELEEMOSYNARIUS;
UNIVERSITATIS PARISIENSIS
PRIVILEGIORUM APOSTOLICORUM CONSERVATOR,
AC COLLEGII REGII NAVARRÆ
SUPERIOR.
OBIIT ANNO DOMINI M.D.CC.IV.
DIE XII APRILIS,
ANNOS NATUS LXXVI, MENSES VI, ET DIES XVI.
VIRTUTIBUS, VERBO, AC DOCTRINA
CLARUIT IN EPISCOPATU ANNOS XXXIV
E QUIBUS MELDIS SEDIT XXII.

JACOBUS BENIGNUS BOSSUET
ABBAS STI. LUCIANI BELLOVACENSIS,
ET ARCHIDIACONUS MELDENSIS
PATRUO COLENDISS. LUGENS POSUIT.

Au-dessus de cette épitaphe sont les armoiries qui ont été grattées pendant la révolution de 1793. Au-dessous sont des ornemens épiscopaux et des livres figurés, sur lesquels on lit, au milieu, Biblia sacra, sanctum J. C. Evangelium; à droite, *Augustinus, Hieronymus, Variations;* à gauche, *Athanasius, Gregor. Nazian. Exposition.*

Bossuet fut enterré *dans le Sanctuaire, près de l'autel, du côté de l'épître*, ainsi que l'atteste le petit manuscrit de l'abbé Ledieu, page 12, et son corps y est toujours demeuré. Il en est de même des divers Evêques de Meaux qui avaient été inhumés dans le chœur ou dans le Sanctuaire, et dont les tombes seulement ont été déplacées.

Autel. L'ancien autel qui avait été décoré en 1563, et en 1686, comme nous l'avons vu plus haut (1), fut démoli

---

(1) Voici la description de l'ancien autel, extraite du manuscrit de l'abbé Ledieu, page 18.

Le grand autel, à 8 ou 10 pieds en avant du fond du sanctuaire, est fait de maçonnerie, couvert d'une grande pierre d'une seule pièce, et revêtu de bois sur les côtés.

Au-dessus de l'autel s'élève un retable de 5 à 6 pieds de haut, aux extrémités duquel deux petites colonnes cannelées supportent une frise couronnée d'une belle corniche; le tout en pierre avec des filets d'or. Le carré-long formé par ces colonnes et la frise est vide et tendu d'un parement de la couleur du jour aux féries et aux simples.

Derrière l'autel, il y a un petit degré à droite et à gauche pour monter à une colonne qui soutient une grande crosse, d'où le saint Sacrement est suspendu dans un ciboire de vermeil sous son pavillon. La crosse est de cuivre aussi bien que la colonne, laquelle est terminée par une croix de même métal, avec une sainte Vierge et un saint Jean.

De chaque côté de la colonne se rangent sur la corniche du retable quatre chandeliers de cuivre de 18 pouces de hauteur. Au milieu de la même corniche est une petite statue de la sainte Vierge, appuyée contre la colonne, avec un voile de toile blanche sur la tête. C'est, dit le manuscrit, un colifichet indigne de la majesté et de la gravité d'une Cathédrale; mais qui oserait y toucher?

On monte à l'autel par deux marches en bois.

Aux quatre coins de l'autel sont quatre belles colonnes de cuivre, terminées par un petit ange portant un chandelier à la main. Ces quatre colonnes se joignent par des barres de fer; les deux de derrière, aux coins du retable, en 1725, et remplacé aux frais du Cardinal de Bissy, par l'autel encore existant. Cet autel, d'un marbre vert très précieux, a 12 pieds de longueur. On y monte par trois degrés aussi de marbre ; mais il faudrait un plus grand nombre de marches, et l'autel paraît trop peu élevé, lorsqu'on le considère du bas de la nef. Les ornemens en bronze doré appliqués à cet autel ont été placés en 1834, à l'exception du beau médaillon représentant le martyre de saint Etienne, qui est de 1725. Les six chandeliers et la croix de bronze dorés qui décorent si noblement l'autel, ont été donnés par le Gouvernement en 1833.

Le tabernacle, aussi de bronze doré, a été placé en 1838.

Au fond du Sanctuaire et derrière le grand autel, il y avait anciennement un saint Sépulcre avec les statues des saintes femmes embaumant le corps de Notre Seigneur. Au-dessus de ce sépulcre était l'autel de saint Blaise, où se chantaient les messes d'obit du chœur. Le tout fut démoli en 1722.

§ VI. — *Bas-côtés du chœur.*

Les bas-côtés du chœur correspondant à ceux de la nef sont doubles depuis le transept jusqu'au sanctuaire, et soutenus de chaque côté par quatre beaux piliers de forme cylindrique, cantonnés de quatre colonnes engagées avec des chapiteaux ornés de feuilles roulées en volutes. Il est impossible d'admettre, ainsi que paraît le supposer Toussaint Duplessis, que ces piliers

soutiennent le grand parement d'autel qui, à tous les semi-doubles et au-dessus jusqu'aux annuels, couvre entièrement le retable, pour ne laisser voir que la tenture de la couleur du jour. D'autres tringles de fer unissent les deux colonnes du fond à celles qui sont aux coins des marches, et l'on y pend des rideaux de même couleur que le grand parement et celui du bas de l'autel ; ce qui produit un très bel effet.

A l'entrée du sanctuaire sont placés, d'espace en espace, quatre grands chandeliers de cuivre de 5 pieds environ ; et deux autres chandeliers de cuivre un peu moins hauts sont disposés en retour de chaque côté du sanctuaire. Ces huit chandeliers et les huit du retable sont tous garnis de cierges allumés aux fêtes annuelles et solennelles.

aient fait partie des constructions attribuées à Gauthier Saveyr. Leur parfaite analogie avec les colonnes engagées qui leur correspondent sur les murs latéraux de l'Eglise et celles qui séparent les chapelles, suffit pour démontrer que toute cette partie de l'édifice appartient au même style et à la même époque.

A partir du sanctuaire, il n'existe plus qu'un seul bas-côté, et le second est remplacé par une suite de chapelles semi-circulaires, égales entre elles, et de la même hauteur que le bas-côté dont elles occupent la place.

Les piliers engagés qui séparent ces chapelles présentent trois colonnettes : celle du milieu supporte les arcs doubleaux, et les deux autres reçoivent les arceaux de la voûte. Tous les chapiteaux de ces piliers sont ornés de feuilles roulées en volutes ou formant des espèces de bouquets : plusieurs m'ont paru inachevés ou d'une exécution assez médiocre.

Les arcs doubleaux sont formés de deux tores séparés par une plate-bande. Les arceaux de la voûte consistent dans de simples tores réunis par une petite rosace profondément fouillée.

Les cinq chapelles du fond se composent de sept petites travées séparées par huit colonnettes à chapiteaux ornés de feuillages déchiquetés, desquelles partent huit tores qui se réunissent dans une petite rosace semblable à celles des bas-côtés.

Dans tout le pourtour du chœur, les murs latéraux sont, comme ceux de la nef, ornés d'arcades simulées, formées d'ogives simples ou trilobées. On avait maladroitement couvert de plâtre cette élégante décoration dans toutes les chapelles, pour y substituer des boiseries de mauvais goût ou une muraille toute unie. Depuis quelques années on a fait reparaître les ogives dans deux chapelles, et avec le temps on rendra aussi aux autres leur véritable physionomie.

Anciennement le pourtour du chœur et du sanctuaire était orné d'une suite de bas-reliefs de trois pieds de hauteur, représentant divers traits des Actes des Apôtres et le martyre de saint Etienne. Ces ouvrages, exécutés sous Louis de Melun, de 1474 à 1483, et qui rivalisaient peut-être avec ceux que nous admirons encore à Chartres et à Amiens, furent brisés par les Huguenots en 1562. Rochard dit positivement dans son histoire manuscrite, que l'on vantait la Ceinture de Meaux.

Jusqu'à présent le chœur était fermé à l'extérieur par une muraille unie, qui ne laissait voir que l'une des colonnes engagées des piliers; et au-dessus de cette muraille, deux grands tableaux enchassés dans des boiseries couvraient les premières arcades. On s'occupe en ce moment de travaux qui permettront de mieux saisir l'ensemble de ces anciennes constructions.

Les huit verrières qui éclairent les bas-côtés du chœur dans les quatre premières travées, présentaient de grandes ogives divisées en deux ogives secondaires, avec une rosace à six lobes au tympan; et chaque ogive secondaire était à son tour subdivisée en deux trilobes avec un trèfle dans chaque tympan. Cette gracieuse disposition existe encore pour les quatre fenêtres de la façade méridionale, avec cette exception que trois rosaces ont perdu leurs lobes; mais du côté du nord, trois fenêtres ont été refaites par le Chapitre dans le cours du XVIIIe siècle, et ne présentent plus que les deux ogives secondaires avec une rose sans compartimens.

Les deux premières chapelles sont éclairées par quatre fenêtres, et les trois chapelles du fond de l'Eglise par cinq fenêtres. Ces fenêtres des chapelles sont composées de deux lancettes trilobées, avec des trèfles au tympan dans la chapelle du chevet et les deux premières, et des rosaces à six lobes dans les deux chapelles intermédiaires; mais plusieurs de ces rosaces ont perdu leurs lobes.

§ VII. — *Chapelles du pourtour du chœur.*

Les quatorze piliers qui soutiennent le chœur formant treize travées, on aurait pu établir treize chapelles correspondantes; mais il paraît que de tout temps on a laissé libres les trois travées les plus voisines du transept du côté septentrional pour le service de la sacristie, et celui de la petite porte Maugarni, qui donnait dans le cloitre des Chanoines.

Cette petite porte située en face de la grille latérale du chœur est une charmante composition du XVe ou du XVIe siècle; elle a été long-temps dérobée à la vue par un ignoble tambour, et vient d'être récemment restaurée avec beaucoup de goût. A l'extérieur, cette porte est décorée d'un petit bas-relief fort médiocre, représentant l'Annonciation (1).

Près de la porte Maugarni, à gauche en entrant, on voit une

---

(1) Le nom de cette porte vient d'un malfaiteur nommé Guillot Maugarni, que le Bailly de Meaux, Gace ou Gacé, avait fait arrêter et pendre en cet endroit, en 1372. Cet acte de justice fut l'occasion d'un grand procès entre le Chapitre et le Bailly. Voici comment le fait est raconté par M. Thomé le jeune, Chanoine de Meaux, dans une lettre adressée à Toussaint Duplessis.

Le Chapitre indigné de ce que le Bailly avait agi contre ses franchises, le poursuivit vivement en justice réglée. Le procès ayant duré pendant plus de 7 ans, on obtint enfin, au mois de juillet 1379, un Arrêt du Parlement qui condamna ce Bailly à 500 livres d'amende envers le Chapitre, et aux dépens; et outre ce, lui présent, à faire conduire dans une charrette, au marché de Meaux, une bûche sur laquelle serait représentée la figure d'un homme; là, la faire pendre, puis dépendre, et ensuite la faire ramener à l'endroit où il avait fait pendre et justicier Maugarni, et là enfin la restituer, et demander pardon, tête découverte, à l'Evêque et au Chapitre. Ce Magistrat sentant bien tout ce qu'il y avait de flétrissant pour lui à subir la peine portée par un tel Arrêt, eût recours au Roi Charles V; et ce Prince qui le considérait beaucoup, modéra l'Arrêt par des Lettres Royaux données à Montargis, le 17 septembre 1379. Ces Lettres ordonnaient seulement à Gace de faire porter une bûche en forme d'homme à l'endroit où il avait fait arrêter Maugarni, et que venant lui même en personne, il rendrait à l'Evêque et au Chapitre, ledit Maugarni représenté par cette figure. Gace, muni de ces Lettres, se transporta au Chapitre, le mardi 4 octobre de la même année. Les Lettres du Roi ayant été lues, il refusa d'en donner copie. Ensuite il déclara qu'il était prêt à y satisfaire pleinement le jeudi 6 du même mois, et que les Chanoines pourraient s'y trouver s'ils le jugeaient à propos. Le jour marqué, Gace n'oublia pas de faire porter la bûche en figure d'homme entre les deux portes où il avait fait pendre Maugarni; il s'y rendit à l'heure de Prime, embrassa même la figure, comme porte l'acte, et la laissa par manière de restitution. Cela fait, il fit ensuite lire les Lettres du Roi. Mais le Syndic du Chapitre protesta contre tout ce que Gace avait fait, voulant qu'il exécutât de point en point ce qui était porté dans l'Arrêt du Parlement. Enfin, protestations furent faites de part et d'autre, et on se retira.

Il paraît que pour conserver à la postérité la mémoire d'un événement si extraordinaire, on attacha l'effigie de Maugarni entre les deux fermetures de la petite porte de l'Eglise, et la tradition rapporte qu'on la voyait encore lorsque les Huguenots brisèrent, en 1562, toutes les statues et toutes les images de l'Eglise.

très belle statue de marbre blanc représentant un jeune chevalier à genoux, les mains jointes, un casque à ses côtés. C'est la statue de Philippe de Castille, fils d'un seigneur de Chenoise, mort en 1627. Elle avait été érigée dans l'Eglise du couvent de la Merci, près Provins, fondé en 1603 par le père de ce chevalier, Philippe de Castille, qui mourut en 1650 en odeur de sainteté. A la suppression des couvens, cette statue devint la propriété d'un sculpteur de Melun nommé Rosty, qui la céda au Musée des monumens français, d'où elle a été renvoyée à la Cathédrale de Meaux vers 1817. On trouvera la longue épitaphe de ce chevalier dans la description du Musée des monumens français par M. Lenoir.

On voit dans Toussaint Duplessis (I, p. 304), qu'il y avait d'abord dix chapelles autour du chœur.

La première, près de la porte Maugarni, est consacrée à saint Eloi, et fut décorée en 1649, par le chantre Claude Frémin. Le tableau est de Senelle, peintre natif de Meaux. On y voit plusieurs tombes anciennes dont les dessins sont presque totalement effacés.

La deuxième, saint Jacques, avait été décorée par le Chanoine Charles Pastel, qui mourut en 1690. Elle a été restaurée dans le style gothique en 1834, par Romagnesi, aux frais de M. Dassy Desmarchais, fabricien ʃlaïc de la Cathédrale. Tous les ornemens sont en carton-pierre; mais une partie a été modelée sur les sculptures en pierres qui existaient auparavant. Le joli tableau représentant une apparition de la sainte Vierge à saint Jacques et à saint Philippe, vient d'être exécuté par M. Guet, peintre né à Meaux. Le parquet recouvre une très belle tombe en pierre de liais d'un travail fort remarquable : c'est celle de Jean de Pierrepont, Evêque de Meaux, mort en 1510, qui avait été inhumé dans le Sanctuaire.

La troisième chapelle, saint Jean l'Evangéliste, a été bâtie sur un fond donné en 1322, par le Roi Charles IV dit le Bel. Le Chanoine Jacques de Polangis la fit décorer en 1646. On a restauré les arcades ogivales en 1833, et leur couronnement, exécuté en plâtre, a été copié sur des sculptures en pierre qui existent encore derrière le retable de l'autel.

On remarque aujourd'hui dans cette chapelle deux tombes d'Evêques : celle de Dominique Séguier, mort en 1659, et celle de Dominique de Ligny, son neveu , mort en 1681 ; l'un et l'autre avaient été enterrés dans le Sanctuaire. Leurs tombes, placées dans la chapelle de la sainte Vierge en 1725, furent reportées dans cette chapelle en 1755. Entre ces deux tombes, on voit celle de Claude Coquelet , Evêque de Digne , Doyen du Chapitre de Meaux et Abbé de Chaâge, qui mourut en 1613, et fut inhumé à l'entrée du chœur, devant la stalle du Doyen.

La quatrième chapelle , dédiée à la sainte Vierge, et appelée Notre-Dame-du-Chevet, occupe le fond de l'Eglise. Elle n'est pas plus grande que les autres, contre l'usage qui s'introduisit au XIVe siècle, de donner à cette chapelle beaucoup plus de profondeur. M. de Ligny, prédécesseur de Bossuet, l'avait fait décorer en 1661 ; mais elle l'a été de nouveau par M. de Fontenille en 1755. Le tableau de l'Annonciation qui s'y trouvait alors a été transporté dans la petite chapelle de la nef la plus voisine de la tour du nord, et remplacé par un beau retable orné de quatre colonnes cannelées et d'une statue de la sainte Vierge. On regrette de voir encore dans cette chapelle une boiserie de salon, au lieu des gracieuses ogives qui en décoraient les murs.

On conserve dans cette chapelle trois reliquaires. Celui qui est au-dessus de l'autel renferme toutes les anciennes reliques de la Cathédrale, notamment celles de saint Fiacre et de saint Faron, qui ont pu être sauvées pendant la Révolution de 1793. Les deux petits reliquaires contiennent des ossemens de saint Saintin , premier Evêque de Meaux, et de sainte Céline, patronne de la ville. La Cathédrale possède encore deux autres reliquaires où sont renfermés une portion du cilice de saint Louis, et des ossemens de sainte Bathilde, abesse de Chelles (1).

La cinquième chapelle , dite de sainte Geneviève, a pris ce

____

(1) Toutes ces reliques ont été reconnues pour authentiques par Mgr Gallard , ainsi qu'il résulte des procès-verbaux du 7 novembre 1831 et 28 avril 1832.

nom du tableau qu'y fit placer le Chanoine Pierre Haunier. Elle avait auparavant le titre de la sainte Trinité et de tous les Saints. On y remarque un *Ecce homo* ou Dieu de pitié, ancienne statue qui était autrefois dans le transept, au-dessus de l'autel de saint Jean-Baptiste. Notre Seigneur est représenté les mains garottées, couvert du manteau de pourpre et de la couronne d'épines, et tenant un roseau. A ses pieds une petite statuette offre la figure d'un chanoine à genoux, l'aumuse sur le bras. Sur le soubassement de la statue on voit un écusson contenant les instrumens de la passion, porté par deux petits Anges assez grossièrement et indécemment représentés. Des arabesques remplissent les deux côtés de ce soubassement, et semblent indiquer l'époque du XVIᵉ siècle.

On a réuni dans cette chapelle plusieurs belles tombes, particulièrement celle du Chanoine Jehan Chevalier, mort en 1625, et celle de Guillaume de Saint-Remi, qui est représenté enseignant le peuple, un livre à la main. L'inscription est illisible ; mais d'après les caractères du dessin, je présume que cette tombe est antérieure au XVᵉ siècle. Il y avait dans l'Eglise de saint Yves à Paris, une tombe semblable, dont le dessin a été conservé dans les antiquités de Millin.

La sixième chapelle, dédiée à saint Pierre, et décorée en 1645 par le Chanoine Caignet, porte aujourd'hui le nom de saint Fɪᴀᴄʀᴇ, qui était le titre de la huitième chapelle avant la suppression qui en fut faite en 1731. Cette chapelle renferme trois tombes remarquables pour la belle exécution des dessins qui y sont gravés, et qui doivent être du XIVᵉ siècle. L'une est élevée à la mémoire de Jean de Calmera, Chanoine et Chancelier de la Cathédrale, mort en 1334 ; une autre à la mémoire d'Adam de Pressy-sur-Oise, Chanoine, mort en 1535.

On voit aussi sur le mur de cette chapelle une épitaphe pompeuse du Maréchal Louis de Vitry de l'Hôpital, qui, étant gouverneur de Meaux, se rendit le premier à Henri IV, et mourut à Londres en 1611. Cette épitaphe faisait partie d'un petit monument élevé à la mémoire de ce Maréchal, lequel était anciennement placé entre les piliers du Sanctuaire du côté de l'Epître. Il en fut retiré par M. de Bissy en 1722.

La septième chapelle, dédiée à saint Nicolas, prit le nom de saint Michel lorsqu'on supprima cette dernière. Elle a été décorée par le Chanoine Jean Bordel, et on y voit la tombe du Chanoine Antoine Laurent, mort en 1729, l'un des insignes bienfaiteurs de la Cathédrale. Cette chapelle correspond à celle de saint Eloi, et forme maintenant la dernière des chapelles du côté droit.

Outre ces sept chapelles, il y en avait autrefois trois autres en continuant jusqu'au portail *aux Lions*. La huitième portait alors le titre de saint *Fiacre*, la neuvième, celui de saint *Georges* ou de la *Nativité*, et la dixième, celui de saint *Michel*. Elles furent démolies en 1751, pour rendre le bas-côté du midi entièrement semblable à celui du nord. (Rochard, t. IV, p. 526.)

Statue de Bossuet. Au milieu de la troisième travée, qui formait anciennement la chapelle de saint Georges, on voit maintenant un beau monument de marbre blanc, élevé à la mémoire de l'illustre Evêque qui a jeté tant d'éclat sur le siége de Meaux. Bossuet est représenté assis, revêtu des habits pontificaux. Sur les deux côtés du piédestal sont sculptées les armes du Prélat, au champ d'azur, à trois roues d'or, posées deux et une, et sur le devant on lit l'inscription suivante :

JACOBO. BENIGNO. BOSSUET.
MELDENSIUM. PRÆSULI.
HOC. MONUMENTUM.
DEDICAVIT. MELDENSIS. CIVITAS.
ATQUE. PROPITIO. REGE.
ET. FAMULANTIBUS. VICINARUM. URBIUM.
MAGISTRATIBUS. ET. POPULIS.
POSUIT.
GRATA. ET. MIRANS.
ANNO. R. S. MDCCCXX.

Ce Monument, dont la première idée est due au Conseil général du Département de Seine-et-Marne et au Conseil municipal de Meaux, a été exécuté par le sculpteur Rutxiel, au moyen des sommes votées par le Conseil général et le Conseil municipal de Meaux, et de souscriptions volontaires. Tous les marbres ont été donnés par le Gouvernement. La statue a été placée dans la Cathédrale de Meaux en 1822.

Tableaux. Il nous reste à dire quelques mots des douze grands tableaux qui décorent le chœur, tant à l'intérieur qu'à l'extérieur, et les deux portails latéraux. Onze de ces tableaux ont été donnés par Louis XV, et sont d'excellentes copies de Raphaël et du Dominicain.

Raphaël avait fait douze cartons ou dessins coloriés qui devaient être exécutés en tapisserie à Bruxelles, sous la direction de deux artistes flamands ses élèves. Sept de ces cartons décorent aujourd'hui une galerie du château d'Hamptoncourt, appartenant au roi d'Angleterre ; les cinq autres ont été perdus.

Les sept cartons d'Hamptoncourt représentent la Pêche miraculeuse, Jésus Christ donnant les clefs à saint Pierre, saint Pierre et saint Jean guérissant un boiteux à la porte du temple, la mort d'Ananie, saint Paul frappant Elymas d'aveuglement, saint Paul et saint Barnabé à Lystres, et saint Paul prêchant à Athènes. La Cathédrale de Meaux possède la copie de ces sept tableaux, et en outre celle de la Lapidation de saint Etienne et de la Conversion de saint Paul, deux des cinq cartons dont les originaux sont perdus, ce qui en rend les copies doublement précieuses.

Aux portails latéraux, on voit d'un côté le martyre de saint Barthélemi, et de l'autre, saint André conduit au supplice. Ces deux tableaux ont été copiés d'après les fresques du Dominicain, exécutés dans l'Eglise de la Trinité-du-Mont à Rome.

Le douzième tableau, placé dans le bas-côté droit du chœur, représente la mort de la mère de saint Pierre. Ce tableau, peint en 1763 par Sanson, ne paraît avoir aucun mérite.

M. Haquin, ex-professeur de rhétorique au collége de Meaux, a publié, dans l'Encyclopédie de Londres, une intéressante description des sept cartons d'Hamptoncourt ; on peut la consulter à la Bibliothèque publique de la ville de Meaux.

§ VIII. — *Remarques archéologiques.*

Cette Notice était terminée et déjà livrée à l'impression, lorsque j'ai eu la satisfaction de voir la Cathédrale visitée en détail, le 25 juillet dernier, par trois architectes habiles, MM. Biet, Caristie et Debret, commissaires nommés par le Ministre des Cultes, pour constater l'état de l'édifice, de concert avec M. Dupont, architecte du Département.

Ces Messieurs ont bien voulu confirmer de leur autorité l'opinion que j'ai émise sur l'âge de notre Cathédrale, et ils ont été unanimement d'avis qu'il ne restait rien du XIe siècle dans les constructions aujourd'hui existantes. Mais les observations artistiques de MM. les commissaires, combinées avec les documens historiques que j'ai pu leur soumettre, me fournissent l'occasion d'ajouter ici quelques remarques archéologiques.

J'ai parlé d'un premier plan suivant lequel les collatéraux n'auraient eu que moitié de la hauteur qu'ils ont aujourd'hui. L'existence de ce plan a été reconnue aussi par MM. les commissaires. La preuve en est écrite sur les huit gros piliers du chœur et sur les piliers de la nef les plus voisins du transept. Mais il faut convenir que la ressemblance qui existe entre les anciens piliers du chœur et ceux des collatéraux, tant pour leur base que pour leur fût cantonné de quatre colonnes engagées, et pour leurs chapiteaux ornés presque constamment de feuilles en crochets, porte à croire qu'il y a eu peu d'intervalle entre les premières constructions et celles qui les ont suivies.

M. Debret a reconnu dans les quatre colonnes monostyles des collatéraux de la nef des bases et des chapiteaux antérieurs à saint Louis, et probablement du commencement du XIIIe siècle. La hauteur de ces colonnes, à une époque aussi reculée, semblait une contradiction avec nos documens historiques, et l'existence déjà admise d'un premier plan beaucoup moins hardi que celui qui a été exécuté. Cette contradiction ne s'expliquait qu'en supposant une reconstruction avec d'anciens matériaux ; supposition qui s'est changée pour nous en réalité, lorsque considérant avec attention celle de ces colonnes qui est la plus rapprochée du transept dans le collatéral méridional, nous avons reconnu les restes d'une ancienne astragale, précisément à la même hauteur que les anciens chapiteaux de la nef et du chœur, preuve évidente que ces colonnes ne s'élevaient pas plus haut dans l'origine.

Les piliers de la nef voisins du transept offrent jusqu'à trois rangs de colonnes superposés, et présentent des traces incontestables de nombreuses retouches, ce qui explique le mélange de formes anciennes et de formes plus modernes.

On est étonné de trouver dans plusieurs travées de la nef des portions de galeries très pesantes, offrant tous les caractères du XIIIe siècle et suspendues au-dessus de piliers qui semblent appartenir au XVe. On pourrait croire, au premier abord, que l'on a fait ici emploi d'anciens matériaux ; mais quand on considère que ces parties de galerie se coordonnent parfaitement avec les grandes fenêtres qui leur correspondent, on est conduit à penser que cet ensemble appartient à la première époque des grandes constructions (fin du XIIIe siècle) ; que les gros piliers de la nef formant l'angle du transept ont été seulement retouchés, et que les petits piliers qui suivent ont été repris en sous-œuvre.

MM. les commissaires avaient cru remarquer dans les colonnes trapues qui supportent la retombée des arcs-boutans, des chapiteaux et des bases d'une époque antérieure. Peut-être quelques fragmens ont-ils été conservés de l'ancien édifice ; mais j'avoue que je me le persuade avec peine : un grand nombre de ces colonnes ont leur chapiteau orné de feuilles à crochets, semblables à celles que l'on retrouve aux piliers du chœur et de ses collatéraux ; et il est bien présumable que toutes ces constructions sont de la même époque.

Une dernière observation constatée par MM. les commissaires, c'est que dans le collatéral, à droite du chœur, les piliers butans qui s'élèvent au-dessus des combles ne répondent pas parfaitement aux colonnes de l'Église qui sont au-dessous, et que l'un d'eux porte entièrement à faux. On ne peut expliquer ce fait extraordinaire en supposant les parties supérieures plus anciennes ; car en admettant qu'à la fin du XIIIe siècle, lorsqu'Adam de Vaudoy entreprit ses grands travaux, on ait

eu la hardiesse et l'habileté de tenir une partie de l'édifice sus-
pendue en l'air pour refaire les parties inférieures, il faudrait
supposer qu'avant 1268 les collatéraux du chœur avaient déjà
la même hauteur qu'aujourd'hui, ce que contredit évidemment le niveau constant des anciens chapiteaux du chœur et
de la nef, et ce que contredit également, autant que je puis
en juger, l'ornementation de ces piliers butans. Quant au porte-
à-faux dont j'ai parlé, et qui n'est malheureusement que **trop**
avéré, je dois laisser à décider aux architectes s'il faut l'attribuer à l'incurie des constructeurs, à la mauvaise nature du sol
sur lequel est élevée cette partie de l'édifice, ou enfin à toute
autre cause que je ne saurais apprécier.